Tocando de ouvido

SERVIÇO SOCIAL DO COMÉRCIO
Administração Regional no Estado de São Paulo

Presidente do Conselho Regional
Abram Szajman
Diretor Regional
Danilo Santos de Miranda

Conselho Editorial
Ivan Giannini
Joel Naimayer Padula
Luiz Deoclécio Massaro Galina
Sérgio José Battistelli

Edições Sesc São Paulo
Gerente Iã Paulo Ribeiro
Gerente adjunta Isabel M. M. Alexandre
Coordenação editorial Clívia Ramiro, Cristianne Lameirinha, Francis Manzoni, Jefferson Alves de Lima
Produção editorial Thiago Lins
Coordenação gráfica Katia Verissimo
Produção gráfica Fabio Pinotti, Ricardo Kawazu
Coordenação de comunicação Bruna Zarnoviec Daniel

Peter Brook
Tocando de ouvido

Reflexões sobre música e som

Tradução José Ignacio Mendes

edições sesc

Título original: *Playing by Ear: Reflections on Music and Sound*
Publicado originalmente em inglês por Nick Hern Books, Londres.

© 2019 Peter Brook
© Edições Sesc São Paulo, 2022
Todos os direitos reservados

Preparação André Albert
Revisão Ísis De Vitta, Silvana Cobucci
Projeto gráfico, capa e diagramação Bloco Gráfico

Dados Internacionais de Catalogação na Publicação (CIP)

B7901T
Brook, Peter

Tocando de ouvido: reflexões sobre música e som/
Peter Brook; Tradução: José Ignacio Mendes.
São Paulo: Edições Sesc São Paulo, 2022.
95 p.

ISBN 978-65-86111-76-7

1. Artes cênicas. 2. Teatro. 3. Arte dramática.
4. Teatro inglês. 5. Música. 6. Som. 7. Memórias.
I. Título. II. Mendes, José Ignacio.

CDD 792

Elaborada por Maria Delcina Feitosa CRB/8-6187

EDIÇÕES SESC SÃO PAULO
Rua Serra da Bocaina, 570 – 11º andar
03174-000 – São Paulo SP Brasil
Tel.: 55 11 2607-9400
edicoes@sescsp.org.br
sescsp.org.br/edicoes
🅵🆈🅾🅳/edicoessescsp

OU ÇA!

Nota à edição brasileira

"*Você gosta de música?*" A pergunta é tão absurda quanto dizer: "*Você gosta de comida?*".

Aos 94 anos de idade Peter Brook lança o mais novo livro de sua série de reflexões. Iniciada na virada de oito para nove décadas de vida do autor, com *Reflexões sobre Shakespeare* – logo acompanhado por *Na ponta da língua: Reflexões sobre linguagem e sentido* –, temos agora em mãos o terceiro volume do que podemos chamar provisoriamente de "trilogia das reflexões": *Tocando de ouvido: Reflexões sobre música e som*.

Brook resolveu escrever o livro depois de ser incentivado por Olivier Mantei, diretor da Opéra-Comique em Paris, quando participou de um programa de rádio sobre o tema. Tendo como ponto de partida as aulas de piano que tinha aos 12 anos com sua professora russa, o autor inglês aborda as mais variadas facetas do espectro musical: trata de sua experiência como diretor de ópera, suas visões sobre o *show business*, música acidental, música concreta, *Broadway*, música clássica, música no teatro, trilhas cinematográficas, bem como de outros assuntos de sua predileção.

O teatro e suas múltiplas facetas são temas caros ao Sesc, seja no campo das ações artísticas, seja na área editorial. Em 2015, Brook esteve no Brasil para a encenação da peça *O terno* (*The Suit*), ampliando uma duradoura parceria com a instituição. *Tocando de ouvido* possibilita ao leitor, profissional do teatro ou não, acesso às reflexões e à experiência desse grande dramaturgo.

Agradecimentos	11
Prólogo	15

PARTE UM

O nascimento da forma	19
Minha primeira professora	22
Tradição	26
Campo de batalhas	30
Panças gordas	35
Uma longa frase	41
Acertar ou errar	42
Música para um quarto de um ouvido	46
A vida está no entremeio	48
Música incidental	50
Dois por um e um por todos	55

PARTE DOIS

A velocidade do pensamento	61
Nada como o *showbiz*	63
A casa das flores	66
Irma la Douce	70
A ópera do mendigo	72
Letra e música	77
Don Giovanni	78
Uma flauta mágica	80
O prisioneiro	82
Trabalho feito por amor	83
O som do silêncio	87
Ficar silêncio	91
Sobre o autor	95

Agradecimentos

A três das inúmeras pessoas fabulosas às quais sou eternamente grato. Três estão muito próximas no momento em que escrevo.

Olivier Mantei, não somente pela amizade íntima nestes muitos anos, mas também pela sensibilidade especial com que aborda os mais variados assuntos, alimentada por toda uma vida imerso na música. Mas, acima de tudo, pelo incentivo a escrever este livro depois que falei sobre música num programa de rádio para o qual ele me convidou.

A Franck Krawczyk, parceiro inseparável em tantas explorações.

E igualmente a Toshi Tsuchitori, que incorpora a escuta com os olhos, a mente e o corpo até que eles emerjam pela ponta de seus dedos. Seja qual for o estilo – antigo, tradicional, oriental, ocidental, clássico ou jazz –, ele renasce a cada vez que ele toca.

E mais uma vez, por razões que já exprimi em livros anteriores – Nina.

"O passado é história, o futuro é mistério – o presente é uma dádiva, é por isso que se chama presente."

Palavras que ouvi um motorista de ônibus recitar aos seus passageiros no fim de um longo dia. De onde ele as tirou, eu não perguntei e nunca vou saber, mas elas ficaram comigo por pelo menos cinquenta anos.

A astrologia é hoje uma ciência menosprezada, mas nós viemos a descobrir que, no momento do nascimento, carregamos dentro de nós o que agora se chama de estrutura genética, que condiciona nossos gostos, nossos preconceitos, nossa compaixão, nossos ódios, nossa intuição. Tudo isso se enreda nos caminhos da nossa vida conforme avançamos rumo a um destino que não podemos conhecer, mas ao qual as estrelas e nossos genes nos dirigem – aquele ponto em que os muitos caminhos se entretecem, formando um padrão que só aparece quando se vira a última página.

Prólogo

"Você gosta de música?" A pergunta é tão absurda quanto dizer: "Você gosta de comida?". Existem comidas insípidas, indigestas, que pesam nos órgãos, mas também a vasta gama de comidas que podem nos dar alívio, sustento e, amiúde, prazer. Como Orfeu descobriu, todo animal reage a sons. Para nós, a pergunta candente é: "Quais sons? Qual música?". Neste livro, tentaremos explorar juntos a infinita gama de experiências que podem às vezes nos tocar profundamente, às vezes nos deixar indiferentes.

Parte 1

O nascimento da forma

O primeiríssimo tremor no nada eterno foi um som, um som que só pôde ser reconhecido quando o organismo humano desenvolveu a capacidade de percebê-lo – em outras palavras, quando houve um ouvinte. No processo da criação, com o som veio a presença do tempo – o tempo que mede tudo para nós, humanos, da aurora ao crepúsculo, daqui até a eternidade.

Os primeiríssimos sons dos quais a música nasceu de forma gradual tinham inevitavelmente uma sequência, um fio que se desenrolava e acabou por levar ao sentido de frases longas, bem longas. E aqui, seja qual for o contexto, mas acima de tudo nas artes do palco, chegamos ao essencial. A frase longa é composta de um número infinito de detalhes, uma música cuja beleza reside no cerne de cada fragmento, porque preenche um espaço ímpar, a partir do qual se espalha. Isso nos leva a reconhecer que toda tentativa humana de determinar o que preenche o espaço é uma reflexão pobre, muito pobre, a respeito do detalhe que é instaurado e trazido à vida por uma fonte muito além dos desejos, da inventividade e das ambições do indivíduo. Por essa razão, deploro que qualquer um de nós, jovem ou velho, seja chamado de criador. A criação tem uma única fonte, muito além do nosso entendimento. É ali que a forma nasce do que não tem forma. *Nosso* papel, como o de um bom jardineiro, é reconhecer respeitosamente que somente quando o solo tiver sido preparado com amor a verdadeira forma estará pronta para receber o alimento com o qual poderá crescer, desenvolver-se e aflorar.

Há inúmeras lendas de como o mundo começou, inúmeras tentativas de lidar com o mistério da criação.

Na África, onde cada tribo tem sua própria lenda da criação, há aquelas que falam de uma fina corda descendo do céu, pela qual deslizou o primeiro homem a pisar na Terra. Ou então a de que a Terra se abriu para um homem galgar a saída.

Mas uma lenda muito especial vem de uma pequenina tribo obscura. Nela se evoca o vácuo, um vasto nada. Daí, de um nada atemporal sai uma vibração, um som, e desse som original vem cada aspecto da criação. Essa lenda se mescla de imediato com "o Verbo" – a fonte de todas as formas que a humanidade aprendeu a conhecer.

No rico auge dos anos 1960, de Nova York a São Francisco, da Costa Leste à Oeste, a jovem América vibrava com a necessidade de descartar todas as formas e ideias conhecidas, numa busca frenética por algo novo. Como sempre, quando se abre a caixa de Pandora, derruba-se dela uma mistura confusa. Havia Andy Warhol, havia Julian Beck com o Living Theatre, havia Joe Chaikin com seu Open Theater, e havia o culto às drogas, do LSD à marijuana, em que o universo milagroso, até então escondido nos mínimos detalhes, podia agora ser sentido e vivido. Eu me lembro de um dia, às seis da manhã, ver num café um homem que tinha passado a noite inteira fumando maconha. Ele tinha pedido um *waffle* e, quando entrei, ele estava profundamente concentrado em encher cada quadradinho da superfície do *waffle* com xarope de bordo, observando com amor a passagem de cada gota. "Esta é a tarefa mais bela de que já me incumbi. Vale a pena viver por ela."

E quando eu mesmo mergulhei naquele mundo vibrante de pintores, atores e músicos, me falaram de um compositor em Nova York que eu tinha de conhecer. Fui levado ao apartamento dele no Village. Ele me levou calorosamente até onde sua esposa estava sentada, segurando um violoncelo. Pegou um violino e tocou uma única nota. Ela escutou com atenção e juntou-se a ele, tocando a mesma nota no violoncelo. Ela sustentou o som depois que o som dele havia terminado e, quando não pôde mais sustentá-lo, não houve pausa, ele retomou a mesma nota. E continuou assim. Não tinha fim. Tornou-se insuportável. Comecei a me agitar, depois a falar, pedindo alguma explicação. Educadamente, eles largaram seus instrumentos. Ela disse:

> Nossa meta é fazer cada vez mais pessoas retomarem esse som. Gradativamente, ele pode se espalhar. Pode cruzar o país, ir de um continente a outro, até que um dia possa conectar mais e mais seres humanos, até que estejamos todos unidos. Pode se tornar o Som Mundial. Fizemos uma gravação. Você gostaria de ouvir?

Eu me levantei e fugi.

A meta de conectar o mundo com um único som era parte natural do entusiasmo romântico da época, mas a qualidade essencial da vida era esquecida muito facilmente. A vida nunca se repete. Todo momento traz em si a possibilidade de uma nova criação.

Minha primeira professora

"Não balance. Não marque o tempo com o corpo. Você não é um dançarino. Fique sentado reto, não se mexa, só ouça."

Ela era amiga da minha mãe e, como ela, vinha da Rússia. Tinha estudado piano em Moscou e, vivendo agora em Londres, dava aulas. Eu tinha apenas doze anos de idade e já havia tido algumas aulas maçantes com velhotas impacientes. O nome verdadeiro dela era Vera Vinográdova, mas nós a chamávamos só de sra. Biek. Logo de cara ela botou uma sonata de Mozart na minha frente; por sorte era apelidada "Sonata Facile". "Tente ler as notas." De supetão, o desafio. Com o som da primeira nota, uma exigência de qualidade. "Quando seu dedo tocar a nota, ouça o som que seu dedo produziu e não permita nenhuma tensão no ombro, no braço, no dedo. Você fez seu trabalho. Agora deixe fluir. E fique pronto para a próxima nota, pressione, deixe soar, ouça." E muito, muito rapidamente acrescentou: "Quando você tiver aprendido o primeiro movimento, você precisa tocá-lo para outra pessoa, sua mãe, seu irmão. O único motivo para você aprender música não é para você mesmo. É para partilhá-la com outros".

Logo descobri que aquilo ia muito longe. Uma vez a cada poucos meses ela alugava uma sala no Wigmore Hall. Todas as famílias eram convidadas, e os pupilos, convocados para tocar o melhor que pudessem. Isso dava propósito e sentido às aulas, e o progresso era muitas vezes assombroso. Eu me lembro de um russo obeso de meia-idade que, como muitos dos que emigraram no período da guerra, ganhava a vida no mercado clandestino. Ele não havia tido aulas de música quando criança, e o arrependimento nunca o deixara ao longo dos anos. Ao conhecer a sra. Biek, imediatamente entregou-se às mãos dela. Alguns meses depois, num dos recitais dela, ele tocou uma peça intrincada de Franz Liszt.

O verdadeiro desafio ocorreu no meu primeiro ano em Oxford. A sra. Biek tinha me passado um concerto de Mozart para tocar com ela em dois pianos. Saí de Oxford para o recital e estava aterrorizado. Naqueles dias, era moda entre os estudantes, especialmente antes de provas, inalar benzedrina. Foi o que fiz, com convicção, no trem e no camarim, enquanto esperava a minha vez. Mas eu não sabia do outro lado da benzedrina. Quando me sentei ao piano, minhas mãos estavam tremendo. Eu via que elas estariam ou na nota seguinte ou na anterior. Mas a necessidade de não trair minha professora nem estragar a noite de alguma forma me acalmou, e tudo correu bem.

Os pais sempre incentivam os filhos a se mostrarem para seus amigos. Pode ser uma peça ao piano da família, pode ser uma canção ou uns passos de dança. Ou mesmo acrobacias surpreendentes. Sempre há uma recompensa: um abraço, um beijo ou um "Bravo!". Sempre uma recompensa, para atenuar por um momento a sensação de inadequação que está sempre presente. Se aos poucos uma habilidade se desenvolve mais que outra, é inevitável que se amadureça a resposta à eterna pergunta: "O que você quer ser quando crescer?".

Aguardando nos bastidores, prontos para irromper, estão o Sucesso e a Ambição. Mais tarde, à medida que me envolvi no mundo da arte, percebi quão profundamente se esconde essa necessidade de obter a aprovação dos outros e quão variadas podem ser suas formas.

O aplauso é a expressão mais óbvia de aprovação. Com o aplauso, vêm o alívio e a confiança. Eu vi cantores de ópera nas coxias contarem o número de vezes que os solistas são chamados de volta ao palco. "Ah, ela não é tão boa. Só foi chamada duas vezes."

É claro, também há muito amor e alegria na exploração do que se torna a nossa área de especialização. Para cada um de nós, essa "área" traz suas próprias possibilidades e limitações. A cada um de nós, é dado este ou aquele talento – a um, a culinária; a outra, a maternidade. Um artista do palco só pode ter sucesso se a área for realmente aquela para a qual ele ou ela é talhada. Muitos pais me perguntam qual é o melhor jeito de ajudar seus filhos que estão decididos a serem atores. "Ponha todos os obstáculos possíveis na frente deles." Somente aqueles que nada pode impedir conseguirão transpor todas as barreiras da frustração, da decepção, e, acima de tudo, esperar por um telefonema que talvez nunca venha. Certa vez eu estava procurando um ator com um tipo físico muito especial – um rosto redondo e um corpo redondo e maciço. Depois de muitas tentativas frustradas, deparei com uma foto num catálogo de elenco que correspondia exatamente ao que eu precisava. Havia um número de telefone e, mesmo sendo domingo, liguei na hora. Por muito tempo ninguém atendeu, e, quando finalmente uma voz tímida atendeu, eu fiz a proposta. "Uau! Eu estava botando um assado no forno e disse pra mim mesmo: 'Já faz tempo demais que estou esperando essa porcaria de telefone tocar'. Se o telefone não tocar antes de eu tirar o assado do forno, vou desistir de vez de atuar."

Um artista do palco é um ser humano e possui centenas de níveis conhecidos e desconhecidos de insegurança. Vendo o mundo duro e competitivo que nos cerca, ficamos inevitavelmente cheios de dúvidas quanto à nossa capacidade de ter êxito, comparando nossos talentos com aqueles à nossa volta. A fama se exprime não somente nas ofertas de trabalho, mas também nos cachês oferecidos. "Será que dá para bancar esse/essa?" É uma frase que ouvimos muito.

O solista é aquele ou aquela cuja identificação com seu nome – sua marca – é mais aparente. Muitos cobiçam prêmios e elogios em todos os meios de comunicação. Mas o talento genuíno traz uma pureza dentro de si. Os melhores atores que conheci, como John Gielgud e Paul Scofield, tinham uma sensibilidade apurada, capaz de dissolver as barreiras do inevitável ego.

Tradição

Viva ou morta, fértil ou letal

Ninguém consegue infundir vida numa carcaça velha. Apegar-se ao passado facilmente provoca esclerose – o passado é passado. Mas as tradições, quando revividas no presente, podem ser uma força vital, dando vida nova a velhas formas. E assim, conforme as velhas formas revelam suas riquezas e seu esplendor, como nessa área tão especial que é a música, uma nova vida pode chegar a nós graças ao sustento do passado.

O triste da situação é que os alunos não conseguem encontrar seu rumo sozinhos. À medida que a música deixa de ser uma vocação e torna-se uma profissão, no entanto, o professor tem de repassar e transmitir as formas existentes e conhecidas. Exceções a essa regra são raríssimas: em Paris, todos os alunos de Nadia Boulanger exprimem adoração por e gratidão a ela. Para sentirmos e compreendermos quão especial ela é, podemos ler um dos artigos que escreveu, com o revelador título "Sobre a atenção", no qual podemos sentir como ela se libertou com sensibilidade de estar presa na superfície, por mais sedutora que a superfície pudesse parecer. Todo bom músico – solista ou regente – que tive o prazer de conhecer sempre dizia após uma apresentação que transcorreu especialmente bem: "Esta noite pude sentir que não era eu quem tocava, e sim a música que tocava através de mim". Isso pede uma sensibilidade apurada do intérprete, que por sua vez desperta a mesma qualidade no ouvinte.

Sempre devemos estar alertas ao falso ensino – é tão frequente que a música ocidental seja dominada pelo metrônomo e pela tirania do maestro gritando: "Acompanhem a pulsação". Os grandes intérpretes, de Glenn Gould a Claudio Abbado, sempre flutuam e deslizam livremente pelas notas e pelo ritmo, que estão ali como um andaime que deve ser respeitado, mas jamais deve dominar. Em grande parte da música asiática, especialmente na indiana, essa qualidade exige ser renovada constantemente.

Devemos ficar atentos, tomar cuidado, pois a semente da morte pode rapidamente tomar o lugar do fluxo da vida, e uma tradição viva pode tornar-se artrítica, rígida, inerte. Como um corpo embalsamado – tal qual aquele na Praça Vermelha –, ela pode ser venerada como se ainda houvesse vida no corpo de Lênin.

Nosso maior guia é o que trazemos dentro de nós: nosso senso de tédio. Podemos reconhecer imediatamente um tédio mortal na maneira como alguém repete incansavelmente suas ideias e histórias usando mais e mais palavras. O tédio é nosso sinal secreto de que o que já foi não é mais. Mas, como em tudo, as consequências têm dois lados. Na música, no teatro, ceder à tentação de lançar mão dos truques mais recentes não é o bastante para renovar uma vida que se perdeu.

Há um processo tanto na Inglaterra quanto na França – até na Rússia – que sufoca tudo que pode trazer nova vida à música e ao teatro. Esse processo é a "repetição". Em francês, uma palavra – *répétition* – contém o pior dos perigos, como se houvesse uma virtude em repetir, dia após dia. Em inglês, a palavra é muito pior. É *rehearsal*. Quando marcamos um ensaio [*rehearsal*], será que paramos para ouvir essa palavra tenebrosa? Agachado no meio, entre o "re" e o "l", está *hearse*, o féretro que transporta o corpo sem vida para a cova. "Mortal" é um aviso: podemos nos opor a ele; nem toda esperança está perdida. Mas o féretro transporta o finado para a finalidade. É o produto final da "repetição". Uma noção comumente aceita, passada pela tradição, chega até nós através dos professores.

Todo ensaio, como se diz, toda prática, faz crescer o detalhe sombrio. Para evitar isso, temos necessidade cada vez mais urgente de descobrir o que auxilia esse processo e o que bloqueia seu caminho. Isso me ocorreu de modo inesperadamente simples.

No fim da guerra, havia um pianista belga que se mudara para Londres. Um dia eu o visitei antes de um concerto. Ele estava praticando, sentado ao piano, sem ter as notas diante de si, somente um exemplar cuidadosamente aberto do *Evening News*, que ele lia com satisfação. Sua filha estava sentada ao lado dele, com a partitura aberta no colo. Se em algum momento seu pai cometia um erro, ela o corrigia. Vi naquela hora que o ditado com o qual eu tinha crescido – "a prática leva à perfeição" – era de todo falso. A prática é arar e regar o solo; o florescimento só vai acontecer se ouvirmos dentro de nós outra frase que carrega tudo que precisamos saber: "Preste atenção!". No caso do meu amigo concertista, toda sua atenção estava tomada pelas notícias do dia, daí os erros. Mas a verdadeira atenção é o que permite ao acrobata que rodopia no ar colocar seu pé sem errar naquele mínimo pedaço de segurança oferecido pela mão ou pelo ombro do seu parceiro.

    A vida de uma forma não pode ser imposta. Regentes e intérpretes que repetem o que funcionou no dia anterior já estão carregando em sua ação o beijo da morte. A escolha é entre o mortal e o vivente.

Campo de batalhas

Nos meus primórdios na ópera, eu era chamado de produtor. "Diretor" era o título zelosamente protegido do chefe supremo – em alemão, o *Intendant* –, o diretor do teatro de ópera. Um "produtor" denotava o que os franceses chamam de *metteur en scène* – aquele que "põe no palco". Essa era sua única área de autoridade, e até nisso ele – pois era sempre "ele" naquela época – tinha de se submeter ao regente, que gritava: "Esse lugar no palco é impossível – eles não conseguem ver a pulsação". Quando um produtor recebia um convite de um teatro de ópera, o elenco já estava escalado. Ele não tinha voz no que dizia respeito ao elenco; podia apenas escolher um cenógrafo, contanto que esse cenógrafo já não tivesse brigado com o diretor do teatro de ópera. Os tenores eram conhecidos por serem vaidosos e obstinados, escolhidos apenas pela voz, independentemente de sua forma física, seu porte ou sua flexibilidade, e nisso também o produtor tinha de se virar com o que lhe era dado.

Em *La Bohème*, eu conheci o elenco no primeiro ensaio. Usei minha única prerrogativa, que era indicar aos cantores suas posições e seus deslocamentos. Eu disse ao tenor: "Rodolfo, quando a cortina sobe, você fica ali". Apontei um lugar junto à janela no lado esquerdo do palco. Imediatamente, uma voz forte veio do tenor. "Não, você está enganado. Eu não posso ficar ali." "Como assim? Por que não?" Rodolfo veio até mim segurando sua partitura. "Diz aqui, quando a cortina sobe, Rodolfo está de pé à direita. Você está me dizendo para ficar à esquerda. Veja! Está errado!" Eu já tinha aprendido que, para ser respeitado, o produtor tem de gritar, por isso rugi: "Não! Faça o que eu digo! Você – fica – ali!". A autoridade prevaleceu, e ele foi para o lugar que eu tinha indicado, mas murmurou alto o bastante para que todos ouvissem: "Imagino o que Puccini diria disso".

A ópera é para cantores, e em primeiro plano está a linha vocal, a melodia. O que a orquestra faz é secundário; é a base para a melodia sustentada pela voz. Mais tarde, acabamos percebendo quantas óperas vivem em sua forma mais pura com somente um piano ou um pequeno conjunto de instrumentos. Minha primeira ópera foi *Boris Godunov*, e nosso regente tomou a decisão revolucionária de usar a partitura original de Mússorgski. Era leve, pura, e permitia que os cantores ficassem mais perto de si mesmos, bem como o piano. Mas essa partitura sempre fora considerada uma fragilidade de um compositor inexperiente. Rímski-Kórsakov, conhecido pela opulência de seu uso da orquestra, foi logo encarregado de reorquestrá-la. A beleza sutil da escrita de Mússorgski tornou-se "operática", e os cantores foram obrigados a forçar suas vozes ao limite. Anos mais tarde, ouvi dizer, para minha alegria, que um importante maestro russo tinha insistido em usar a partitura original de Mússorgski.

Quando fiz o *Fausto* de Gounod em Nova York, em 1953, foi com o veterano maestro francês Pierre Monteux, que estava no Met pela primeira vez. Ele era um charmoso velhinho parisiense. Na primeira manhã, entrou no fosso, ergueu sua batuta, e um acorde muito esfarrapado ressoou. Qualquer regente na época teria dado o chilique habitual, gritado e insultado os instrumentistas – e o respeito pela sua autoridade se confirmaria. Mas não. Monteux depôs a batuta, olhou para os músicos com um sorriso indulgente e disse: "Cavalheiros, tenho certeza de que vocês conseguem tocar melhor do que isso!". O acorde que se seguiu foi magnífico, e a relação entre o maestro e a orquestra estava assegurada.

Conheço um exemplo bem diferente da mesma coisa. A Filarmônica de Berlim tinha muito orgulho de sua ótima reputação, e com razão; todo dia os músicos ensaiavam juntos para garantir que a qualidade do conjunto nunca fraquejasse.

Certo dia, porém, exaustos após uma longa e estafante temporada, eles olharam uns para os outros no final de um movimento, balançaram a cabeça e murmuraram: "Muito ruim! O que podemos fazer? Uma pausa? Não, continuar, tentar de novo". Eles sabiam que precisavam desesperadamente que seu regente, Wilhelm Furtwängler, pegasse a batuta e voltasse a dirigi-los. Ele nunca ia àqueles ensaios, que eram exercício privativo da orquestra.

Eles começaram de novo, e de repente tudo mudou: a vida da música estava lá, por si mesma, como por um milagre. Eles relaxaram de contentamento, e a música viveu entre eles. Eis que um dos músicos, num momento de pausa de seu instrumento, levantou a cabeça. Ele viu, no fundo da galeria, que o maestro tinha entrado silenciosamente. Ele estava imóvel, ouvindo, e a qualidade da sua escuta era suficiente para preencher o espaço, informando e inspirando a orquestra. Eles estavam salvos.

No teatro também, os atores de uma companhia viva podem deixar que suas trocas com seus parceiros, suas entradas e saídas, seus gestos sejam unicamente seus e, ao mesmo tempo, sirvam aos ritmos e às melodias da linha ininterrupta.

Isso vale ainda mais para a música. Uma sonata é um todo, uma sinfonia é um todo. Se algum detalhe ficar impreciso, o sentido da frase se perde. Mas a tentação de se apaixonar pelo seu próprio som individual acaba custando caro para a linha. Por esse motivo, os professores que contam, que usam o metrônomo, estão destruindo o fluxo genuíno. Há pausas, há intervalos; uma sinfonia tem quatro partes, e na passagem de um movimento a outro uma mudança de humor pode ocorrer através do silêncio. A maioria dos frequentadores de concertos aprendeu há muito tempo a nunca aplaudir entre os movimentos. Claudio Abbado foi mais longe quando disse que um momento de silêncio no fim de uma obra, antes da inevitável explosão de aplauso, era para ele a única maneira de saber que a encarnação da música tinha sido autêntica. Essa é a limitação da virtuosidade, no brilhantismo muitas vezes ofuscante da execução: o detalhe infinitesimal perde seu caráter único. A metáfora mais próxima que consigo encontrar é a respiração. Seja ela acelerada, seja lenta, sempre deve haver espaço para a obra respirar, e só então a essência de sua vida pode aparecer.

Do mesmo modo, na realização verdadeira de uma ópera, existe tal harmonia entre o regente, a orquestra, os solistas e os coros em todos os seus movimentos pelo palco que emerge uma sensação constantemente renovada de detalhe e fluxo, da forma não como arquitetura, mas como correnteza. Uma ópera em cinco atos é uma única longa frase. Para os wagnerianos, essa é a magia de Wagner. Para Schumann, a última sinfonia de Schubert tinha "*eine himmlische Länge*", uma extensão celestial.

Se há quatro palavras que deram a volta ao mundo e são reconhecidas em todo lugar, sem precisar de contexto algum, são "ser ou não ser". Na música, do mesmo modo, há um reconhecimento instantâneo das três notas e do acorde, tocados duas vezes, que abrem a *Quinta sinfonia* de Beethoven. Eles são muitas vezes apresentados como um chamado imperativo de atenção, mas houve uma vez em que ganharam um significado diferente. Foi em Aix, quando o muito talentoso e muito jovem maestro Daniel Harding abriu um concerto com a *Quinta* de Beethoven. Eu nunca a ouvi atacada com tal velocidade, quase inacreditável. Era o andamento que o jovem Toscanini imprimira à *Sinfonia em sol menor* de Mozart. Em ambos os casos, fomos catapultados das nossas preconcepções – e quase de nossos assentos.

Panças gordas

O diretor da Staatsoper – o principal teatro de ópera de Berlim – levou-me, na minha primeira visita, para conhecer todos os seus muitos recantos durante uma apresentação. Vimos as oficinas, os guarda-roupas, os camarins, os cenários. Então ele abriu uma pequena porta e me guiou muitos degraus acima, até a galeria superior. *O cavaleiro da rosa* já estava na metade. Ao olhar para baixo, vi o público nas primeiras fileiras da plateia. Os assentos eram naturalmente os mais caros, e todos os que estavam ali sentados entendiam que uma noite na ópera exigia os trajes mais elegantes e escolhidos com o maior cuidado. As mulheres usavam *haute couture*, enquanto seus maridos estavam trajados a rigor – alguns até de fraque. Entre todas as óperas, *O cavaleiro da rosa* era um objeto especialmente amado. O público contava aos amigos invejosos que tinha ingressos para a estreia e cantarolava a famosa valsa enquanto se vestia. O que eu vi, olhando do alto como os deuses, eram fileiras e mais fileiras de cavalheiros corpulentos dormindo profundamente. Entendi que, para os abastados, a ópera era não somente uma oportunidade de tirar uma soneca, mas também uma preparação valiosa para as conversas eruditas nos jantares que se seguiriam.

Em Nova York, Tchaikóvski era um chamariz: nos concertos, no balé, sempre havia um público entusiasmado e devotado – uma alegria para os empresários do palco, pois não havia risco: a casa estaria sempre cheia.

Fui chamado para dirigir *Eugênio Onêguin* no Metropolitan Opera House. Seu novo diretor, Rudolf Bing, depois de uma carreira bem-sucedida na Alemanha, tinha criado o Festival de Edimburgo. Nomeá-lo para chefiar o Met parecia uma escolha óbvia para Nova York. Nenhum de nós poderia imaginar qualquer risco em abrir a temporada com *Onêguin*.

Eu adorava a obra, desde as primeiras frases da introdução, simples e tocantes, até o duelo final – sempre refletindo o casamento impecável entre a música, de um lado, e a história e os personagens de Púchkin, do outro. Um verdadeiro fenômeno, o sensível e dinâmico regente grego Dimitri Mitropoulos, e um belíssimo elenco escolhido a dedo – como só o Met poderia pagar – transformavam aquilo numa aventura instigante. Eu me encontrava com Bing para discutir o trabalho do dia, e – o que era inédito na minha experiência com diretores de teatros de ópera – ele se desculpava profusamente pela pressão injusta que o diretor sofria sob as regras inflexíveis e confusas de uma série de sindicatos – sindicato dos músicos, dos técnicos de palco, dos solistas, dos coristas –, muitas vezes em completa contradição um com o outro, exigindo intervalos bem na hora em que alguma vida e liberdade adentravam o ensaio. Bing não podia fazer nada, embora prometesse lutar contra essa situação nos anos seguintes, plenamente consciente dos prejuízos à qualidade da produção. Além disso, tendo compartilhado comigo os problemas de continuidade causados pela inevitável queda da cortina ao fim de cada cena, quando os assistentes de palco trocavam o cenário, ele sugeriu que

Mitropoulos escrevesse pequenos interlúdios, usando apenas material da partitura, para manter o fluxo. Eu adorei: os interlúdios brotavam da partitura como se tivessem sido compostos pelo próprio Tchaikóvski originalmente.

Então onde foi que erramos tanto? Qual era a armadilha que nos aguardava? Nenhum de nós tinha entendido que a noite de abertura da temporada no Met era, para os nova-iorquinos, um tremendo evento social. Os editores já haviam preparado páginas no *The New York Times*, no *The Wall Street Journal* e nas outras vozes da cidade, ao passo que um jornal, *Women's Wear Daily*, só estava interessado em como as mulheres estariam vestidas – e por quem: suas joias, seus penteados, seus chapéus, seus sapatos. O único motivo para estar presente na noite de abertura era ser visto, fotografado, admirado e depois receber a aprovação extática – ou os comentários maldosos – dos outros membros de um setor da sociedade imbuído de si mesmo, o *jet set*. Tudo isso poderia ter sido inofensivo – como tinha sido por anos com obras de autêntica qualidade de Verdi, Puccini e Gounod. Por que Tchaikóvski não era autorizado a integrar esse grupo?

Uma razão muito simples. Em toda apresentação do repertório conhecido, os momentos de maior visibilidade eram as grandes árias. A alegria da noite de abertura, tanto para as beldades de diadema nos camarotes quanto para os entusiastas acomodados no anfiteatro e na galeria – igualmente tão bem-vestidos quanto possível para a ocasião –, era a possibilidade de refestelar-se no decorrer da noite em repetidas chuvas de bravos e aplausos, preparando-se para a derradeira explosão no final, quando cada solista retornasse ao palco.

Nenhum de nós havia percebido que Tchaikóvski não tinha escrito um final à italiana para as árias. Ele queria que a história continuasse fluindo, e assim o público erguia suas mãos em luvas brancas para logo constatar que o acorde final já tinha passado discretamente por ele. Pior ainda, o fim de cada cena tinha os aplausos frustrados pelos elos musicais de Mitropoulos. O público culpou reiteradas vezes o compositor, Tchaikóvski, depois o *Intendant*, Rudolf Bing. Que absurdo! Que péssima escolha para uma ocasião especial, para a qual tínhamos nos preparado tanto!

No dia seguinte, até Tchaikóvski teve uma repercussão morna na imprensa.

Quando, trabalhando no Covent Garden, pude escolher uma ópera para montar, escolhi *Salomé*, pois havia uma cantora poderosa e extraordinária pronta para assumir qualquer risco no papel-título: Ljuba Welitsch. Eu não tinha dificuldade com a partitura densa e elaborada de Strauss, que me parecia a expressão perfeita da multicolorida escrita de Oscar Wilde. Mas eu queria criar uma imagem no palco que estivesse à altura da partitura. Por isso, pedi a Salvador Dalí que concebesse o cenário e o figurino... mas essa é outra história, que já contei em detalhe no meu livro *Fios do tempo*.

Herbert von Karajan era um *showman* excepcional. Ele inventou muitos truques. Numa apresentação do *Otelo* de Verdi na Ópera de Viena, quando as luzes da sala se apagaram, o público aguardava ansiosamente a chegada do celebrado maestro – mãos e vozes prontas para uma fanfarra tonitruante de aplausos. A orquestra já estava afinada, todos os olhos voltados para a esquerda do fosso, por onde o regente entraria. Uma pausa longa, muito longa. Nada aconteceu. Quando a espera tinha se tornado quase insuportável, subitamente, do lado oposto do fosso, Karajan apareceu correndo. Seu salto para cima do pódio era o sinal para a orquestra, e assim, quando seus pés pousaram, a cortina se ergueu, e, com as notas trovejantes da orquestra, o público foi arrebatado por uma imagem de nuvens turbilhonantes e coristas procurando abrigo da tempestade iminente. Um começo inesquecível!

Do mesmo modo, num contexto bem diferente, tive a sorte de estar presente no concerto de despedida de Toscanini em Nova York. O regente tinha imbuído a música sinfônica de tal vitalidade, tal dinamismo no andamento, tal força, que impelia a obra para a conclusão com uma verve tão irresistível que nenhum ouvinte podia evitar ser arrastado, nem que fosse por um instante, pela torrente. Visualmente, isso se expressava no vigor do maestro, em todo seu corpo, e na gama de gestos que se tornavam uma dança encantatória a inspirar a orquestra e o público, todos no mesmo aleno. E assim o bem-vestido público estadunidense tinha ido à última apresentação do maestro, convencido de que seria o maior dos espetáculos pirotécnicos.

Um elegante senhorzinho subiu no pódio: um pequeno gesto, e a orquestra começou a tocar. Dali em diante, Toscanini mal se mexeu. Sem gestos, apenas ouvia com discretos meneios da cabeça, conforme sua atenção se detinha num dos naipes de instrumentos.

Ele havia tocado tanto com a orquestra e ensaiado cada detalhe tantas vezes que era simplesmente a qualidade da sua escuta que tirava dos atentos e devotados músicos a mais bela música, superando até os maiores momentos da carreira do próprio Toscanini.

Uma longa frase

"Uma peça de Shakespeare é uma longa frase." Essa é a melhor indicação que se pode passar a atores e diretores. Há uma linha invisível que perpassa a espantosa riqueza de movimentos, subindo alto, depois caindo baixo, nas palavras, nas personagens, nas relações. Idealmente, isso exige um senso de continuidade, de fluxo, como um curso d'água passando sobre pedras, rochedos, cascatas, mas sempre correndo em direção ao mar.

Acertar ou errar

Há um modo muito simples – sem palavras nem definições, graças a Deus – de evocar a escuta verdadeira. Observe um gato. Ele ouve e reage ao som mais tênue com uma escuta que envolve cada célula do corpo. Pode ser "pss, pss!", "tt, tt, tt" ou apenas o tilintar de seu pote sendo posto no chão da cozinha. Não há tempo para pensar. A indagação, a vigilância, estão de súbito em cada parte do corpo. Isso vale para toda criatura felina: tigres, panteras, leopardos – todos iguais.

Noutros animais, há uma vigilância semelhante na cabeça e no pescoço, mas num cavalo, por exemplo, o corpo todo até as patas está totalmente entregue às necessidades dinâmicas que os músculos têm de executar o que o som pede. No gato, a indagação "Que foi?" evocada pelo som mais débil é uma reação instantânea que encarna o maravilhamento.

Há escutas e escutas, dependendo do grau de interesse. O interesse de um gato, sua prontidão, está sempre presente. Qual é a ligação simples entre a prontidão imóvel e a reação instantânea? Isso nos leva a uma palavra que nenhum dicionário pode explicar: ser "tocado". Todo mundo sabe, por experiência própria, o que isso significa. "Estou tocado, profundamente tocado por...!" Quando dizemos que o toque de um pianista é bom, não nos referimos a uma técnica que possa ser aprendida no conservatório. Queremos dizer dedos que, como um gato, estão tão alertas às vibrações que isso lhes dá vida.

Temos em nós, bem no fundo, um nível em que todos os ritmos são reconhecidos instantaneamente – não há necessidade de esforço. Isso fica claro em todas as formas de verso, rimados ou não. Um ator [de língua inglesa] não precisa se esfalfar para atingir a forma do verso branco – ou a de alexandrinos, para um francês. Ela já estava ali para o escritor, que foi guiado o tempo todo por essa pulsação inaudível. A maneira mais simples de ver isso é pensar no limerique – a forma, a estrutura, a sequência de rimas estão em nós desde a infância. Basta ouvirmos uma única palavra como "João" que, se estivermos em clima de limerique, completaremos imediatamente o verso: "Era uma vez um João". E daí todas as rimas – "que subiu num pé de feijão", "que escorregou no sabão" – voltejam na nossa mente para que escolhamos.

É por esse processo que podem surgir sonetos incomparáveis e sonatas sublimes, quase – mas não completamente – por si mesmos. Precisamos estar lá, prontos, atentos, com a sensibilidade muito aguçada, senão o milagre não acontece. Se a possibilidade for perdida, aguardará uma nova chance.

Contudo, quando você ouve a música de *"When I consider everything that grows"*[1] e *"Should I compare thee to a summer's day?"*[2] e em seguida o som de "Brexit", ele tem som de excremento. É nauseante.

---

1 "Quando considero tudo que cresce." Verso inicial do "Soneto 15" de William Shakespeare (1564-1616). [N.T.]
2 "Devo comparar-te a um dia de verão?" Verso inicial do "Soneto 18" de William Shakespeare. [N.T.]

Podemos ser tocados profundamente por algo que somente uma palavra pode evocar. O mesmo vale para uma melodia. Os dois andam juntos numa forma especial chamada poesia. Esta se torna imortal, inesquecível, quando as palavras e sua melodia interna são inseparáveis.

Ouça!

*I must go down to the seas again, to the lonely sea and the sky,
And all I ask is a tall ship and a star to steer her by*[3]

O primeiro verso tem um fluxo agradável de som. Assim, "*lonely*" e "*lonely sea*" não deixarão de tocar nossos sentimentos.

O verso seguinte diz "*And all I ask is a tall ship*". Daí, inesperado no fluxo, vem "*and a star to steer her by*", e tomamos consciência da aliteração de "*sea*" e "*sky*", "*star*" e "*steer*", e depois da harmoniosa rima dos finais "*sky*" e "*by*".

Ai do compositor que acrescentar instrumentos e vozes como aquelas que chamamos de "operáticas"! Estará apenas sufocando o sabor delicado do bolo com glacê espesso e açucarado.

Aqui vemos os elementos essenciais presentes nos poemas de qualquer língua que se combinam para fazer do que chamamos de poesia uma forma de expressão humana profundamente tocante e fascinante.

---

3 "Devo lançar-me novamente ao mar, ao céu e ao mar solitário/ E tudo que peço é um navio alto e uma estrela para guiá-lo." Versos iniciais do poema "Sea-Fever" [Febre do mar] (1902), de John Masefield (1878-1967). [N.T.]

Se atores conseguem viver o movimento com apenas algumas partes do corpo, é porque muitas outras partes estão travadas. Um cantor só escuta com os neurônios que são úteis – e dane-se o resto.

Música para um quarto de um ouvido

Desde muito cedo, eu me interessei por filmes, e ficava impressionado com o fato de que o padrão consagrado que fazia as trilhas sonoras vencerem o Oscar era sempre o de grandes orquestras, como se o compositor sentisse que estava acompanhando a história com sua própria sinfonia. Os modelos eram acima de tudo Tchaikóvski, Rachmáninov e, às vezes, Prokófiev. O maior elogio possível para uma orquestração era "luxuriante".

Daí veio o momento da revelação. Duas trilhas provocaram uma inovação espantosa. Primeiro, *O terceiro homem*, de Carol Reed e Graham Greene, com Orson Welles em ação. A trilha era uma única frase, um punhado de notas tocadas com o timbre nítido e transparente de uma cítara. Nossa atenção era inteiramente tomada pelo enredo da história que se desenrolava, e essa atenção era renovada de maneira tocante a cada vez que essa ínfima melodia retornava.

Depois, num contexto muito diferente, o inesquecível *Brinquedo proibido*, de René Clément (trilha de Narciso Yepes), um violão que tocava repetidamente uma única frase fazia brotar lágrimas dos olhos a cada vez que penetrava em nossa consciência, totalmente absorta na história.

Os compositores de trilhas passaram a enxergar o valor de uma simples frase repetida em momentos bem escolhidos e sustentada por uma instrumentação leve e franca. Dois diretores que entenderam isso vêm à mente. Em *Barry Lyndon*, Kubrick usou, com efeito muitas vezes hipnótico, frases melódicas de Schubert e Händel que tocam o coração sem necessidade de reconhecermos suas fontes. Em todos os aspectos, Kubrick era um mestre do cinema, assim como Andrei Tarkóvski, o herdeiro de Eisenstein e Pudóvkin, que fazia suas estranhas histórias vibrarem com umas poucas notas simples. A única necessidade era a simplicidade, e o antepassado comum era o piano solo, acompanhando a ação dos filmes mudos.

A vida está no entremeio

ABCDEFGHI

Imagine dar a uma criança esse amontoado de letras como método para ensinar o alfabeto. Poderiam se passar anos sem qualquer resultado. É nos interstícios infinitesimais que a vida germina. Nossa necessidade, em toda forma, é nos tornarmos cada vez mais sensíveis ao detalhe. Entre uma letra e outra, entre uma palavra e outra – mesmo em alta velocidade –, há sempre um pequeno vão que se abre para o silêncio, para o vácuo.

Em *O espírito do nô*, o mestre japonês Zeami forneceu um guia sucinto que nunca me abandonou. "*Jo, ha, kyu.*" É a articulação de um fluxo que nunca pode parar – pode haver pausa, sim, mas nunca uma interrupção completa. *Jo-ha-kyu* tem muitas imagens, como "aurora, tarde, crepúsculo" ou "nascimento, crescimento, maturidade". Mas é sempre uma qualidade que se encaminha para a plenitude. O essencial é reconhecer que se trata de fluxo e que nunca há uma parada total – é um trampolim em que cada fim é um começo. Para o artista do palco, cada gesto tem um começo, um desenvolvimento e um intento que é simultaneamente o "*jo*" do próximo ciclo. No teatro nô, isso exige uma propriedade especial de atenção.

Bunraku, o antigo teatro japonês de marionetes, é uma extraordinária materialização disso, na qual uma equipe de animadores ocultos, que não têm como enxergar o que fazem as marionetes muito acima de suas cabeças, conseguem sentir suas vibrações mútuas e materializar complexos padrões de dança ou combate.

Outra expressão igualmente espantosa disso são os percussionistas balineses, que, sem regente, fazem com que passagens empolgantes de ritmos em constante mutação fluam entre eles. Trazer isso para o nosso mundo musical é apenas uma questão de escuta.

Eu sempre fui atraído por afinadores de piano. Um afinador de piano não tem método, não tem sistema, mas herdou, provavelmente de seus pais e através das gerações, uma atenção depurada. O afinador toca uma nota, as cordas vibram juntas, e ele aperta suavemente a chave de afinação. A maioria de nós logo ficaria satisfeita, mas o afinador percorre o teclado, com uma percepção cada vez mais aguçada de cada mínima nuance de som, para depois voltar, nunca satisfeito, a cada nota, uma por uma, gerando por fim uma cadeia de sons em forma de melodia e harmonia. É um nível de discernimento que vai muito além dos quartos de tom da música ocidental.

Música incidental

Ouvindo tantas formas de música, fui descobrindo – e passei a respeitar – a maravilha que são estilos tão diferentes, antigo, moderno, clássico, étnico, popular. Eu sempre fui mais próximo da música tonal que da atonal, uma melodia era uma melodia, uma canção era uma canção... até que comecei a sentir a vida e o fluxo em Stockhausen.

Isso me levou a ser atraído com fascinação por uma nova técnica musical chamada música concreta.

Porém, temos de estar atentos. A música concreta tem seu propósito, mas não substituiu Bach. Não se presta serviço a Bach nem usando apenas teclados eletrônicos nem com um retorno ingênuo a instrumentos antigos, numa tentativa de se aproximar da inspiração original. Toda a história da arte nos mostra que a vida nunca está na obra em si: está na capacidade da obra de evocar reações vivas no ouvinte, o que significa sempre "hoje".

Estamos nos aproximando de um grande mistério. Uma sequência de notas torna-se uma melodia; ela pode tocar como dedos suaves nas costas de um gato. Uma melodia raramente toca todos os seres humanos – ela costuma ser inseparável de determinada cultura, de determinado contexto histórico. Mesmo assim, um raga pode nos tocar. Como já mencionamos, as quatro notas que abrem a *Quinta sinfonia* de Beethoven podem gerar uma reação em toda parte. Mas a força sutil que dá vida à sequência e a transforma só surgirá se houver espaço para que o desconhecido apareça. Isso é, com frequência, uma ponte para a gentileza. Uma afirmação forte demais pode bater a porta.

Voltando à música concreta...

"Isso vai lhe interessar", me disseram. Fui levado a uma ruazinha sem graça num subúrbio de Paris. Ali, o portão quebrado de um jardim dava para uma passagem onde estava uma figura acolhedora, Pierre Henry. "Você está interessado na minha música?" "Sim", respondi prontamente. "Entre", ele disse.

Seu local de trabalho era um porão exíguo desprovido de qualquer instrumento musical. Por um momento, lembrei-me do casal que tinha tocado para mim sua composição de uma nota só, a ser repetida através do tempo e do espaço. Eles ao menos tinham cordas e um arco. Ali não havia nada a não ser uns microfones, umas tábuas, umas folhas de metal, uns martelos, um par de gravadores de fita e uma série de consoles com rolos de fita, alavancas, botões, mostradores.

"Ouça." Pierre Henry acionou uma alavanca e o rolo de fita começou a tocar. Um chiado ensurdecedor preencheu o espaço do silêncio, seguido de uma longa série de pancadas. "Esse é meu novo material para hoje", ele disse. "Não há fim para o que posso fazer com ele."

Manipulando habilmente as alavancas, ele começou a transformar os sons básicos de estrondos até que, conforme eles lentamente se tornavam interessantes, surgiram vibrações que se mesclavam pouco a pouco. Ele disse: "A gama é ilimitada. Posso gravar um em cima do outro – dois podem se tornar muitos – e depois posso pegar fitas de uma biblioteca musical, e meu espectro sonoro torna-se uma orquestra que nenhuma orquestra existente pode igualar". Eu estava cada vez mais fascinado por sua energia e seu entusiasmo.

"O primeiro passo só necessita de técnicos. Depois é a vez do compositor. Imagine só o que Stravinski ou Scriabin poderiam ter feito se tivessem tido essa possibilidade."

Na época, Pierre Schaeffer, que trabalhava na rádio francesa, era o único a explorar dessa maneira. Ele tinha feito uma sinfonia a partir do padrão sonoro de uma estação de trem movimentada, a Gare du Nord.

Todo um mundo novo se abria usando as possibilidades trazidas pela gravação e pelos alto-falantes. Compositores importantes, como Pierre Boulez, foram atraídos pela exploração do som "estereoscópico", como se chamava então, no qual o posicionamento do alto-falante era parte essencial da experiência do ouvinte.

Fui convidado pela Royal Shakespeare Company (então dirigida por Anthony Quayle) a fazer uma montagem em Stratford, com Laurence Olivier e Vivien Leigh, de *Tito Andrônico* – uma peça que nunca havia sido apresentada no lugar dedicado a Shakespeare, pois sua violência era considerada vergonhosa e indigna do filho da terra.

Eu senti que, se pudéssemos criar um mundo pagão com o fogo e a beleza que certas exposições recentes de arte pagã haviam revelado, a crueldade e a violência poderiam assumir seu lugar natural. Não consegui pensar em nenhum compositor capaz de fazer aquele tipo de som, então decidi me arriscar. Para fazer minha própria música concreta, eu tinha meu gravador de fita, meu piano e um amigo muito disposto e engenhoso, Bill, que tinha um diminuto estúdio de som com uma única bancada de consoles, nos quais os sons podiam ser tocados em qualquer velocidade, depois editados, depois regravados indefinidamente. Ele ficou exultante em ajudar. Mas primeiro eu precisava buscar um som de base para ser tratado e manipulado do modo como Pierre Henry indicara, e encontrei o que procurava quando enfiei um microfone nas entranhas do meu piano e pisei no pedal de sustentação. O piano inteiro ressoou, as cordas pulsaram, e o corpo de madeira do instrumento fechado fez reverberar o som. Foi o pedaço básico de "concreto" que levei a Bill para que explorasse a transformação.

Disso saíram as pulsações perturbadoras que ressoavam por um mundo de colunas pretas e vermelhas onde Vivien, como Lavínia, teve a língua e as mãos amputadas.

Para mim, toda forma de música era parte inseparável do todo a que qualquer produção aspira. Para minha primeira produção em Stratford, *Trabalhos de amor perdidos*, eu havia tirado a iconografia básica das pinturas de Watteau – cenas de jovens charmosos e elegantes desfrutando de conversa, comida e bebida em piqueniques ao ar livre. Na minha cabeça eu ouvia uma música – leve e encantadora – que se tornou parte inseparável do movimento dos figurinos esvoaçantes de seda, dos movimentos graciosos dos atores e da canção final, um tanto requintada, que anunciava o fim do verão e a chegada do outono.

Depois, quando retornei a Stratford para fazer *Romeu e Julieta*, eu já havia tido minha primeira experiência – em Tânger – do calor escaldante do sul. Ela apontou para a necessidade, em *Romeu e Julieta*, de sentir o calor das ruas, que levava com tanta facilidade à raiva e às brigas. Na mesma hora, o destino me trouxe uma versão radiofônica de *Dom Quixote*, para a qual um compositor espanhol tinha escrito a trilha sonora. Ela estava muito à frente do que qualquer compositor inglês poderia fazer, e imediatamente Roberto Gerhard tornou-se parte do tesouro.

Dois por um e um por todos

Existem inúmeras maneiras de entender a palavra "harmonia", mas em toda forma de música há um entendimento básico de que certas vibrações podem combinar-se e gerar um som no qual dois se tornam um.

Perto de nós, na música ocidental, existe o dueto – no palco de ópera ou por ocasião do casamento entre dois instrumentos, muitas vezes piano e violino. Nossas emoções reagem imediatamente aos prazeres da harmonia penetrando e transformando a discórdia. O objetivo supremo – como em todo caminho espiritual – é a unidade. O dueto pode muito naturalmente tornar-se um trio, depois um quarteto. É como se as manifestações humanas fossem regidas por uma lei de números. Dois, três, quatro – a própria sequência é harmoniosa. Todo quarteto de cordas é uma expressão da assombrosa capacidade do ego de se entregar voluntariamente a algo maior que si mesmo. Nos melhores quartetos, um pensamento, uma escuta, carrega o trecho do violino à viola, da viola ao violoncelo, do violoncelo ao contrabaixo, todos os quatro entrelaçando-se livremente.

Os instrumentos podem mudar; uma clarineta, um oboé, uma voz ou vozes podem assumir um lugar. Mas nove instrumentos é o limite – com a única exceção da extraordinária velocidade do movimento, do pensamento e da intenção compartilhadas de algumas tradições orientais muito antigas de percussão. Em todos os casos, o segredo é escutar.

Nunca sabemos quem pode estar ouvindo. Durante a guerra, cartazes nos avisavam de que "conversa descuidada tira vidas", e em todo país totalitário você vive com o perigo de ser escutado em qualquer lugar. Uma vez, numa visita a Praga na era soviética, eu tinha um compromisso no meu hotel com uma jovem interessada no nosso trabalho. Encontramo-nos no saguão, demo-nos bem, papeamos livremente. Então, para meu espanto, ela perguntou: "Posso ver o seu quarto?". Pegamos o elevador até o meu andar, e, quando entramos no meu quarto, ela disse suavemente: "Vamos para o banheiro". Eu sentia que estava recebendo uma lição fascinante sobre como a liberdade sexual dos anos 1960 tinha penetrado na Cortina de Ferro. Ela me pegou pela mão e, assim que entramos no banheiro, ela abriu as torneiras da banheira. Aquilo estava indo mais longe e mais rápido do que eu poderia imaginar.

As torneiras faziam um barulho tremendo. Ela me pegou pelo braço e me fez sentar na única cadeira, enquanto se sentou no chão. "Agora podemos conversar", ela disse. "Mesmo com todos os berloques deles escondidos, nunca vão ouvir uma palavra do que dissermos."

Isso se relaciona a uma conclusão à qual eu estava chegando. A diferença entre Tchekhov e todos os seus contemporâneos é que ele era um médico do interior. Enquanto eles iam a festas literárias ou frequentavam cursos de escritores, Tchekhov atendia com devoção a todo chamado, de manhã ou de noite, para visitar os pacientes em suas casas. Ele nunca teve consultório e, por isso, dia após dia, ouvia e observava cada aspecto da vida doméstica rural.

Do mesmo modo, a vantagem que os escritores irlandeses tinham sobre seus colegas ingleses era que sua "escola", sua fonte de conhecimento a respeito do que move os humanos, eram os *pubs*, fosse em Dublin, fosse nas aldeias. Ou, como disse um dramaturgo, era ficar deitado no chão da sua pensão, escutando as vozes sempre diversas que subiam através do assoalho. Está claro que o conhecimento do mundo que Shakespeare tinha, das diferenças entre toda forma chamada de homem ou mulher, não vinha dos eruditos nem de se debruçar sobre textos antigos. Vinha do tempo que ele passou nas tavernas e nas ruas. O segredo era muito simples: escutar.

Na época em que artistas em toda parte questionavam todos os elementos que haviam aprendido ser inseparáveis da forma, um grande criador do mundo do balé, Merce Cunningham, fez com seu grupo de dançarinos maleáveis e sensíveis um balé silencioso. Talvez o experimento não tivesse futuro, mas seu efeito mágico foi o de fazer com que nós, o público, nos tornássemos mais afinados uns com os outros. Era realmente inesquecível. Era o zen na dança.

Com o mesmo espírito de aventura, um jovem dançarino e coreógrafo francês, Jean Babilée, entrou para a companhia de Roland Petit e Janine Charrat, Les Ballets des Champs-Élysées. Petit tinha convidado uma badalada figura parisiense, o poeta, pintor e cineasta Jean Cocteau, para criar um balé para sua companhia – e para Babilée.

Cocteau escreveu um pequeno libreto, *O jovem e a morte*. Um rapaz num sótão, Jean Babilée, estava amarrando uma corda a uma viga com o intuito de se enforcar. Quando ele caísse sem vida em direção ao chão, o cenógrafo, meu amigo Georges Wakhévitch, tinha arranjado para que o sótão inteiro fosse erguido até as tramoias, revelando os telhados de Paris com um letreiro de neon piscando ao fundo, enquanto Nathalie Philippart, como a Morte, o levaria embora por sobre os telhados.

Para dar aos dançarinos a marcação com a qual eles estavam acostumados, Cocteau e Petit conceberam um complexo padrão de ritmos. Em cada ensaio, havia o mesmo grupinho de percussão (ao vivo ou gravado) que lhes dava a estrutura e o respiro de silêncio entre as batidas. Quando chegou a hora da primeira apresentação no Théâtre des Champs-Élysées, uma surpresa os aguardava. O grupo de percussão não estava mais lá, e no lugar dele uma pequena orquestra tocava Bach. Eles foram imediatamente erguidos a outro nível, e o tema – juventude e morte – estava em todos nós.

Parte 2

A velocidade do pensamento

A música – como disse Shakespeare – é o alimento do amor, e deve ser tratada com amor.

Mas cuidado, jovens leitores! Isso não é um método nem uma conclusão. Não!

Interpretemos! Interpretamos *jazz*, interpretamos *allegro*, interpretamos *andante*, interpretamos marcha fúnebre, interpretamos uma farsa, interpretamos Édipo, e para as partes do corpo é com a mesma alegria. Até o instrumento reage melhor quando os músculos são aliviados pela alegria. A preparação exige, antes de tudo, trabalho duro, galgamos a montanha, depois saltamos sobre o nosso trenó e somos levados ladeira abaixo.

Eu tinha montado várias peças que tiveram um grande impacto na Broadway: *Marat/Sade*, *A visita* e *Irma la Douce*. Um jovem produtor ambicioso, Saint Subber, contatou-me para criar um musical baseado em "A casa das flores". Aterrorizante, porque, de um lado, atraiu os melhores talentos de roteiro, letra, composição musical, canto, dança, coreografia, encenação, iluminação – não tinha fim –, todos exigindo a mais alta qualidade, com uma imaginação livre e criativa. Um Eldorado. Mas o outro lado da moeda era uma pressão esmagadora. Eu conheci um jovem diretor na noite de estreia do primeiro espetáculo importante que ele tinha sido chamado para dirigir. Ele tentava em vão esconder seu nervosismo. Em poucas horas, seu futuro seria decidido. Um sucesso, e tudo correria bem. Mas um fracasso... Ele não poderia mais pagar o aluguel, perderia a namorada e, com ela, todos os sonhos que eles tinham construído juntos. Eu vi os dois lados do sonho americano, e tudo se resumia à grana. Karl Marx passou meses sentado na biblioteca do British Museum estudando, analisando, ponderando antes de emitir o primeiro grande grito de alerta. Isso levou Brecht a tentar, peça após peça, avisar os ignorantes dos perigos que os rodeiam num mundo dominado por uma palavra encharcada de sangue: "capitalismo".

Nada como o *showbiz*

O velho e o novo

"Broadway" e "Hollywood" foram por muito tempo palavras de desdém. Por isso, ao me deparar com pessoas que falam, emocionadas, do impacto que sentiram ao ver o *Sonho de uma noite de verão* que montei em Stratford, Londres e Nova York no começo dos anos 1970, sinto um prazer secreto ao lhes dizer que a grande influência que o tornou possível foi minha experiência na Broadway.

Naquela época, todo ano eu encontrava um motivo para ir a Nova York. Em contraste com o teatro de classe média de Londres, solene e imutável, a Broadway vibrava com pessoas novas, jeitos novos, vida nova. Claro, a meta amiúde implacável era o sucesso: resenhas excelentes na noite de estreia, senão o espetáculo não teria chance de sobreviver. Em contrapartida, porém, todos os melhores talentos acorriam para a Broadway. E não havia só musicais: o teatro comum também tinha os novos talentos mais aventurosos – Arthur Miller, Tennessee Williams, Edward Albee – e diretores inovadores, como Elia Kazan.

Mas a grande atração em Nova York eram mesmo os musicais. Depois de anos como entretenimento ameno para executivos cansados e suas esposas, vieram *Oklahoma!*, *South Pacific* e em seguida os choques inesquecíveis que foram, num nível, *West Side Story* e, no outro, *Guys and Dolls*. Eles encarnavam o modelo shakespeariano: nunca perder o contato com o público.

Por isso, um sucesso podia dar a volta ao mundo e tornar-se conhecido em todos os lares.

Para mim, houve duas experiências inseparáveis da Broadway. Uma foi a primeira visita dos acrobatas chineses. Eles demonstraram que a maneira de sugerir as fadas do mundo espiritual não era com delicados figurinos transparentes em dançarinas graciosas. Era evocando a leveza com a leveza de acrobacias que aparentavam não exigir esforço. A outra revelação veio de Jerome Robbins. O meio dos musicais exigia de coreógrafos de ponta que dessem vida nova às rotinas da opereta, desenvolvendo seus próprios dançarinos à sua própria maneira. Robbins já era um dos luminares do New York City Ballet. Sua nova obra se chamava *Dances at a Gathering* [Danças em uma reunião]. Um pequeno grupo de dançarinos era avistado em torno de um piano. O pianista começava a tocar as primeiras notas, que pertenciam ao mundo do balé – Chopin. Os dançarinos estavam todos vestidos com simples roupas brancas do dia a dia. Nada de luares, árvores pintadas, tutus. Em vez disso, gradualmente, como se reagissem pela primeira vez às notas, eles se afastavam do piano e, sob uma luz intensa e imutável, seguia-se uma série de *pas de deux* para homem e mulher, soltando-se com maior animação quando todo o conjunto deixava o piano para executar padrões de movimentos leves.

Quando tivemos de encontrar um caminho para a vida oculta de *Sonho de uma noite de verão*, meus colaboradores constantes, o compositor Richard Peaslee e a cenógrafa Sally Jacobs, já se alimentavam havia muito tempo das experiências que nós mesmos desenvolvemos nas nossas oficinas, mas o que a Broadway nos deu foi a necessidade e a coragem de desenvolver o que tínhamos começado a descobrir.

A casa das flores

Em Nova York, nosso jovem e ansioso produtor podia dormir tranquilamente enquanto reuníamos uma equipe infalível.

Truman Capote, um jovem escritor gay cujos livros estavam em toda mesa de centro, havia proposto transformar seu conto "A casa das flores" num musical. Ele escreveria o roteiro e as letras das canções para um compositor de primeira linha, Harold Arlen, famoso, entre outros sucessos, por "Over the Rainbow", cantado por Judy Garland. Também se juntara à equipe ninguém menos que George Balanchine, o mais puro dos coreógrafos. E nossa estrela era a atriz mais vibrante da Broadway, a cantora Pearl Bailey. Sim, ele podia dormir tranquilo. Nada poderia dar errado. Mas deu. Como um sucesso anunciado pôde ter se tornado um fracasso? Eu comecei a descobrir dolorosamente as regras ocultas da Broadway.

Em todas as minhas experiências londrinas, o diretor era o mandachuva. Era dele a última palavra sobre como deveria ser feito o espetáculo; todos os elementos – elenco, música, cenários – eram seu território. No jargão do teatro londrino da época, o diretor era chamado de produtor. ("Diretor" era um termo empresarial que se referia ao diretor-gerente da companhia.) Claro, acima do produtor havia a administração, que normalmente era dona do teatro ou tinha um acordo de longo prazo com ele. Naturalmente, o produtor escutava seus comentários e aceitava de bom grado bons conselhos de olhos experientes com algum distanciamento. Nova York era uma cena muito diferente. A pessoa chamada produtor tinha se tornado o patrão absoluto. Ele era a administração, e arranjava e entregava a grana. Em contrapartida, a pessoa chamada diretor podia, como o restante da equipe, ser contratada e despedida ao capricho do produtor. Antes de estrear na Broadway, um espetáculo geralmente passava por um período de testes fora da cidade – um sistema valioso que permitia fazer mudanças, mas também um processo implacável no qual, da noite para o dia, roteiristas, atores e diretores podiam ser mandados embora. Em minha primeiríssima viagem a Nova York, fui convidado por um grande produtor que se interessara por um espetáculo que estávamos apresentando em Londres. Ele me ofereceu gentilmente um ingresso para o musical do qual todo mundo estava falando. Eu fiquei muito desapontado com o espetáculo e, quando encontrei o produtor no dia seguinte, comecei a externar minhas críticas. Ele me interrompeu bruscamente. "Bobagem!", ele disse. "Não se fala de outra coisa na cidade!"

Eu entendi aos poucos a tremenda vantagem de criar uma peça nas condições seguras do West End de Londres, e, se acertasse o alvo, seria exatamente essa produção que os diligentes produtores convidariam a ir para Nova York. Com *A casa das flores* aprendi que o musical estadunidense tem uma série complexa de regras, desconhecidas do diretor visitante. Truman Capote nunca tinha escrito um musical, portanto era responsabilidade do diretor treiná-lo, revisão após revisão, até que seu roteiro se conformasse ao que os musicais da Broadway exigiam. Passo a passo, compositor, coreógrafo, cenógrafo sabiam que eles também tinham de se conformar ao que lhes exigia o olho onisciente do homem que pagava – o produtor.

As primeiras tentativas de Harold Arlen e Truman Capote de escrever letras de música estavam longe do que o público tinha sido condicionado a esperar. Marlene Dietrich era tão amiga e fã de Harold Arlen que se mudou para a casa dele para incentivá-lo e guiá-lo através do mundo do *show business*, que ela conhecia de cor e salteado.

Pearl Bailey era havia tempos uma estrela consolidada – e não confiava nem um pouco nos outros cantores, talentosos mas inexperientes, na maioria vindos das Antilhas. Eu notei a distância intransponível entre esses dois mundos durante os ensaios, quando ela veio até mim para despejar sua raiva contra uma jovem cantora que ousou se levar a sério demais. "Quem ela pensa que é? Ela se comporta como se fosse uma estrela. Tentei colocá-la no lugar dela, pra ver se ela tomava um pouco de juízo. Por isso eu disse pra ela: 'Você acha que é uma estrela? Escute aqui, querida! Se você é uma estrela, me diga: cadê seus casacos de pele, cadê seus diamantes, cadê seus carros?'."

E enquanto ensaiávamos, o coitado do nosso jovem produtor, vendo-me trabalhar, não sentia que tinha autoridade para se intrometer e me dizer: "Não! Você está fazendo errado". Ele só ficava parado, sofrendo. E claro, em termos da Broadway, aquele espetáculo não poderia dar certo.

A história era boa. A casa das flores era um bordel no porto de uma ilha do Caribe. Um grupo de charmosas moçoilas eram as Flores. Ao subir da cortina, elas estavam sentadas macambúzias, esperando que um navio trouxesse novos clientes. Harold Arlen tinha lhes dado um coro encantador, que começava assim: "Esperar. Esperar. Esperar, é de enervar. Esperar que um navio chegue cá". Daí a história começava com rinhas de galo e vodu. Na altura em que o espetáculo tinha – muito rapidamente – batido as botas, eu já estava de volta à Europa, mas minha maior decepção foi a trilha ter sido esquecida tão depressa. Por anos, em Paris, eu quis fazer um musical livre das pressões da Broadway. Contudo, eu já estava profundamente imerso no mundo dos musicais na atmosfera livre de Londres na época.

A música popular é sempre um guia. Quando os grandes musicais estadunidenses percorreram o mundo, nem Londres nem Paris tinham nada à altura, e nós percebemos como nossas formas antiquadas de teatro musical tinham se tornado pobres. Uma nova geração de jovens começou a explorar o que poderia ter vida para eles naquele momento. Do fundo do mundo do rock, eles fariam musicais que não copiavam os modelos dos Estados Unidos.

Irma la Douce

Enquanto isso, em Paris, a longa tradição estabelecida pela opereta tinha levado a Maurice Chevalier, Arletty, Piaf – cada qual abrindo um mundo próprio, popular e acessível. Mas a opereta em sua forma habitual persistiu, até que um dia, num espaço diminuto – o Théâtre Gramont –, um certo jornalista chamado Alexandre Breffort encontrou o manuscrito descartado de uma peça que ele havia escrito e que os teatros de bulevar tinham se recusado a encenar, sobre uma meretriz com um coração de ouro. Chamava-se *Irma la Douce*. O Théâtre Gramont podia correr o risco porque a peça tinha um elenco reduzido, era cenicamente simples e orquestralmente mínima, e Marguerite Monnot, compositora de grande parte do repertório de Edith Piaf, aceitara escrever a trilha! Numa escala muito pequena, foi um sucesso imediato. Fui vê-la com dois amigos, Julian More, cuja comédia musical *Grab Me a Gondola* [Arranje-me uma gôndola] estreou naquele mesmo ano, e Monty Norman, cantor de *jazz* que viria a compor o tema original de James Bond. Ficou óbvio para nós três que tínhamos de achar um jeito de levar *Irma la Douce* para Londres.

Procuramos em todo lugar uma jovem cantora/atriz para o papel de Irma, maravilhosamente encarnado em Paris pela cantora popular Colette Renard. Encontramos Elizabeth Seal, que acabou levando o espetáculo – e todos nós – consigo para Nova York, com um produtor dinâmico e implacável, David Merrick.

Desde o início, a leveza, o apelo direto da música, que tocava igualmente jovens e velhos, o converteram num verdadeiro sucesso na linha dos novos musicais.

A ópera do mendigo

Minha experiência com meu filme *O senhor das moscas* ensinou-me algo fundamental, que tento passar a todos os jovens que querem fazer filmes à sua maneira. No cinema, o produtor tem o dinheiro e, portanto, tem a última palavra. A única maneira de dispor da liberdade que é essencial para se aventurar fora dos caminhos batidos é ter um orçamento tão abaixo do normal que os investidores não sintam medo de se arriscar a apoiar alguém jovem e desconhecido.

A ópera do mendigo era uma obra leve e satírica com melodias populares tiradas diretamente das ruas. Nunca tinha sido levada a sério pela *intelligentsia* até o começo do século XX, quando uma produção elegante, com muito charme, foi encenada no Lyric Hammersmith.

Peças da época da Restauração eram comumente apresentadas como oportunidade para perucas brancas, caixas de rapé e tiradas espirituosas. Era assim que se rememorava o século XVIII, por isso Nigel Playfair, o diretor, situou sua *Ópera do mendigo* longe do mundo dos pedintes nas ruas. Mesmo sem ter visto essa produção, fiquei encantado com o charme simples e direto das melodias populares que um certo Dr. Pepusch tinha reunido.

Eu li a peça e encontrei a mesma qualidade irreverente, como na letra acerbamente satírica da primeira canção: "Em todos os empregos da vida, cada vizinho abusa do seu próximo". Pensei em fazer um filme de orçamento realmente baixo, com um elenco jovem, filmado nas áreas mais pobres de Londres. Herbert

Wilcox era na época um produtor dinâmico, que havia produzido e dirigido alguns filmes britânicos de muito sucesso estrelando sua esposa, Anna Neagle. Para o papel principal do bandoleiro Macheath, pensei imediatamente num jovem ator que tinha acabado de obter seu primeiro sucesso numa pequena peça num salão paroquial – Richard Burton. Entrementes, porém, mencionei por acaso *A ópera do mendigo* a Laurence Olivier, que era não mais que um conhecido meu. "Oh! Eu quero filmar essa peça", ele disse de pronto. Respondi rapidamente: "Eu já estou filmando, você gostaria de interpretar Macheath?". "E como!", ele respondeu, unindo as mãos.

Laurence Olivier tinha atingido o auge do estrelato. Durante a guerra, no Old Vic, ele tinha interpretado Romeu. Depois, quando o Old Vic realizou uma temporada especial no West End, infundiu vida nova a Ricardo III, que era até então um veículo para canastrice antiquada, transformando Ricardo de bufão em sedutor irresistível ao usar sua própria sexualidade perigosa.

Depois, interpretou um Édipo mais uma vez inovador. No cinema, ele havia feito para a Grã-Bretanha em guerra sua versão de *Henrique V*, conquistando um duplo triunfo como ator e diretor. Embora Herbert Wilcox estivesse enfim começando a me levar a sério como nova figura teatral que queria fazer filmes, ele ainda hesitava um pouco, até que larguei a bomba: "Laurence Olivier está interessado em interpretar Macheath". Isso provocou uma reação em cadeia estimulante. A palavra da moda da *intelligentsia* de Bloomsbury na época era "notável". E nós reunimos uma equipe *muito* notável! Convidamos Christopher Fry, o poeta e dramaturgo que tinha escrito o texto em inglês do meu primeiro sucesso no West End, *Ring Round the Moon* [Anel em torno da lua][4], do dramaturgo francês Jean Anouilh. Tínhamos o recém-enobrecido *sir* Arthur Bliss para a trilha sonora e, com a ajuda de Larry, os melhores atores do West End para os papéis principais. Wilcox fulgurava, já antecipando uma estreia com a família real. Obviamente podíamos contratar o melhor cinegrafista do momento e reservar uma longa estadia nos estúdios Pinewood, onde meu velho amigo Georges Wakhévitch poderia construir as ruas de Londres sem restrições orçamentárias.

Só aos poucos vi que o motivo pelo qual eu tinha sido atraído pela *Ópera do mendigo* era a possibilidade de fazer um "Filme do mendigo" cru e visceral, ao estilo de Hogarth. A compulsão interior de Olivier levou-o a querer cantar as pequenas baladas que eram parte intrínseca do papel não com uma voz rude de malandro, mas com uma voz que pudesse impressionar os melômanos. Por isso, ele começou a praticar com um dos melhores professores de canto lírico. O resultado foi que, em todos os níveis, o estilo e a elegância tornaram-se incômodos parceiros do duro mundo dos mendigos. Gradualmente, cada cena tornou-se um campo de batalha entre nós dois.

---

4   Adaptação de Fry (1950) para *L'invitation au château* (1947), de Anouilh, traduzida em português como *Convite ao baile* (1951). [N.T.]

No fim, o filme não era a obra bruta que eu desejara, nem a joia primorosa com a qual Olivier e Wilcox sonharam. Nosso filme era um aborto, um fracasso "notável". Sua elegância dispendiosa não se adequava mais ao nosso tempo. Brecht e Kurt Weill tinham restaurado o equilíbrio com sua *Ópera dos três vinténs* em 1928. Seu comprometimento total com o comunismo militante fazia da fábula do mendigo o material perfeito para uma obra-prima atemporal. O poder da música de Kurt Weill levou à suprema ironia: "Mack the Knife" tornou-se um sucesso mundial do vulto de "Lili Marleen". A melodia atravessou os portões de ferro e muros altos do Palácio de Buckingham. A rainha não sabia nada da *Ópera do mendigo* nem da *Ópera dos três vinténs*. Ela só sabia que adorava a melodia de "Mack the Knife", que era em compasso ternário de valsa. Por isso, quando ela abria um baile no palácio para a nata da sociedade londrina e todo o corpo diplomático, ela pegava o príncipe Philip pela mão, levava-o até a pista de dança e abria o baile com... "Mack the Knife".

Todavia, a batalha que havia sido nossa *Ópera do mendigo* foi seguida por um ameno período pós-guerra. A encantadora esposa de Larry, Vivien Leigh, fez de tudo para nos aproximar. Nutrida por finais de semana na propriedade de campo deles, uma bela amizade nasceu entre nós quatro – Larry, Vivien, minha esposa Natasha e eu. Quando o novo diretor do Memorial Theatre de Stratford me perguntou qual peça de Shakespeare eu gostaria de encenar, foi aí que sugeri *Tito Andrônico*, que, como disse antes, por sua violência, nunca havia sido encenada lá.

Os Olivier já estavam atuando em Stratford, e ambos aceitaram prontamente fazer parte dessa aventura. Cheguei ao primeiro ensaio pronto para outra batalha, mas encontrei as portas abertas e fui prontamente acolhido por Larry e Vivien. O trabalho com eles desenrolou-se em feliz harmonia, e o resultado foi uma peça que pudemos levar a toda a Europa em alegre parceria.

Letra e música

Nos ensaios para *A tragédia de Carmen*, eu pedia aos cantores para primeiro dizerem as palavras e depois, em relação próxima com o parceiro de cena, os olharem nos olhos e dizerem as palavras de maneira tão suave que a melodia, já presente nas palavras, pudesse surgir por si mesma. Eu pedia aos cantores para deixarem de lado todo o esnobismo quanto a conceber a *grand opéra* como antítese das comédias musicais e se permitirem cantar muitos sucessos da Broadway, depois canções de artistas como Leonard Cohen, Marlene Dietrich e Edith Piaf. Eles percebiam de imediato que a letra, a melodia e o andamento são uma mesma coisa. Mas o motor – a inspiração – vem da letra. Quando Bizet leu o conto de Mérimée sobre Carmen, quando Tchaikóvski ouviu pela primeira vez *Eugênio Onêguin* ou *A dama de espadas* de Púchkin, foi um senso imediato de caráter e situação que os tocou e fez melodias brotarem deles.

Quando Jonathan Miller filmou um ensaio de *La Bohème* que ele tinha dirigido, só estavam lá, naturalmente, o pianista correpetidor e seu piano, e naturalmente não havia necessidade de que os cantores projetassem a voz. Por conseguinte, toda a história de Mimi e dos camaradas boêmios tornou-se profundamente emocionante. Eu sempre tive uma paixão especial pela *Bohème* e quis dirigi-la. Vi tantas produções, muitas delas da mais alta qualidade, mas a experiência da ópera no ensaio foi a mais tocante de todas. Dá o que pensar.

Don Giovanni

A tradição sempre nos contou que *Don Giovanni* era uma história com uma moral: o Don era um egoísta perverso, obcecado pela própria satisfação, mas dotado de grande charme – tão prisioneiro de sua compulsão sexual que deixava não somente corações partidos mas até cadáveres atrás de si. Assim, mesmo que pudéssemos rir e nos deliciar com suas múltiplas conquistas e aventuras, o final da história mostrava o inferno que ele tanto merecia. Essa leitura da obra me parecia em contradição com a música. Eu comecei a sentir que Mozart apreciava o amante e se identificava com ele.

De certo modo, as melodias eram o próprio Mozart. Para adequar-se às exigências da época, o libreto tinha de se encerrar com a danação do sedutor e um coro de júbilo pelo fato de o pecador ter pagado por seus pecados. Mas eu não conseguia me persuadir de que a música de Mozart estava lá para dar um final moral conveniente à obra.

Mozart tem sido terreno fértil para longos períodos de mal-entendidos. A escola vienense – um mundo de chantili e confeitaria – via Mozart como um namoricador elegante. Por isso, o objetivo dos intérpretes era conferir uma elegância de bibelô a uma música que só gradualmente veio a reafirmar o poder e a paixão do jovem compositor.

Do mesmo modo, a própria sexualidade turbulenta de Mozart foi escamoteada. Conforme eu mergulhava mais e mais profundamente no *Don Giovanni*, tornava-se mais claro que, assim como Shakespeare, Mozart não podia – e não aceitaria – julgar e condenar seus personagens de acordo com a moralidade convencional da época. Como eu trabalhava com um talento realmente excepcional do canto e da atuação, Peter Mattei, acabamos por descobrir que Mozart claramente adorava o seu Don. Nós improvisamos na nossa base em Paris, o Théâtre des Bouffes du Nord, longe das associações de um teatro de ópera. Tínhamos dois elencos. Esses dois elencos trabalhavam juntos e trocavam papéis – dois elencos em um –, aprendendo uns com os outros ao fazê-lo, e aos poucos passaram a rejeitar o final tradicional, em que o Don tem o que merece no inferno enquanto os virtuosos burgueses rejubilam em coros convencionais. Para nós, a música realmente tocante vinha das mulheres seduzidas, de modo algum vingativas, mas revivendo de maneira genuína esse momento gratificante de suas vidas. Disso veio a singela invenção cênica de fazer o Don retornar do outro mundo e ouvir com compaixão as mulheres que ele tinha amado e que o tinham amado de volta. Como em *A flauta mágica*, era um amor que só a música pode expressar.

Uma flauta mágica

Como ocorre tantas vezes, foi minha colaboradora habitual Marie-Hélène Estienne quem me trouxe a pessoa certa na hora certa. O compositor e pianista Franck Krawczyk tinha tocado com um conjunto vocal no Bouffes du Nord, e Marie-Hélène ficara fascinada com a liberdade e sensibilidade que ele demonstrava. Ele aceitou de imediato a proposta de reconsiderar – e mesmo redescobrir – *A flauta mágica* conosco. Sem preconcepções, passamos parte do verão explorando a partitura com Franck ao piano. Depois de *Carmen* e *Pelléas*, ficou claro que o Bouffes era o local ideal para aquela obra retornar à sua intimidade jocosa. Ela despontou muito naturalmente, pedindo para ser reexplorada. O mundo interior de Mozart, junto com a extraordinária delicadeza de sua leveza e seu humor, deixava patente o fardo que essa obra tinha carregado por tanto tempo, em razão dos complicados aparatos e decorações que diretores e cenógrafos lhe haviam imposto. Até a música foi muitas vezes sobrecarregada por orquestras grandes demais em anfiteatros grandes demais, o que forçava os cantores a cantar e atuar no estilo que se espera de uma ópera grandiosa. Com desvelo, Franck arranjou a partitura para um piano, sabendo que um bom piano de cauda é, por si só, uma pequena orquestra, e ficou óbvio para todos nós que seus dedos ao piano eram a única orquestra de que precisávamos.

Depois do nosso habitual período prolongado de tentativa e erro, tornou-se claro e essencial que Franck precisava estar presente não somente em cada ensaio como também nas apresentações. Com o piano perto dos cantores, a obra poderia viver e cantar de modo renovado.

Nós a chamamos de *Uma flauta mágica*, assim como chamamos nosso *Pelléas* de *Impressions de Pelléas*, para não alegar nem por um momento que estávamos propondo uma nova versão definitiva. Foi assim que ela seguiu sua jornada, indo até Nova York, onde, para nossa surpresa e alívio, foi aceita e acolhida pelos críticos muito conservadores que predominam lá. Este não é o lugar para enveredar pelos detalhes das aventuras da *Flauta*, mas me permitiu registrar como Franck se tornou uma parte insubstituível de nossa jornada musical.

O prisioneiro

Passaram-se muitos anos até retomarmos um tema que se recusava a nos largar, *O prisioneiro*. Uma lenda que veio de uma situação real que eu tinha vivido muitos anos antes no Afeganistão. Com Marie-Hélène, começamos a formar nossa equipe de colaboradores, e era óbvio que o primeiro a procurar seria Franck. Ele estivera conosco em *O terno*, na qual tinha comparecido a todos os ensaios, ao piano, sugerindo peças inesperadas de Schubert que, surpreendentemente, pareciam feitas sob medida para aquele conto.

Para *O prisioneiro*, Franck sentou-se ao teclado elétrico, ouvindo e improvisando. Dia após dia, fragmentos obsediantes de melodia brotavam de sua imaginação criativa. Aos poucos, com os atores, uma forma começou a aparecer. Eis que um dia Franck disse, muito simplesmente: "Nada do que eu proponho está adequado. O som que melhor combina com esta peça é o silêncio". E em todo lugar onde apresentamos *O prisioneiro*, as plateias ficam profundamente tocadas pelos muitos momentos de silêncio que se tornaram parte inseparável da história.

Trabalho feito por amor

Muito jovem, ao ler *Guerra e paz* pela primeira vez, fui tocado pela musicalidade do nome Natasha. Soube de imediato que aquela era a companheira que o destino tinha preparado para mim. Quando, na vida real, nos vimos pela primeira vez, Natasha Parry tinha apenas 16 anos. Tudo nasceu daquele momento.

Mais tarde, foi a sensibilidade muito apurada e especial que refulgia através de sua beleza que tocou todos aqueles que ela encontrava. Ela muito rapidamente chamou a atenção de diretores de elenco e começou uma carreira no cinema, depois no teatro.

Mas, para a bagunça e algazarra do *show business*, suas qualidades eram demasiado especiais. Comecei a sentir que ela precisava ser direcionada para os papéis que poderia iluminar à sua maneira. Senti que isso era minha responsabilidade, e juntos trabalhamos em *Dias felizes*, de Beckett – um monólogo radiante e exigente que Beckett havia escrito para a fenomenal atriz francesa Madeleine Renaud.

Apresentamo-nos em Paris no Bouffes du Nord, mas era uma tarefa difícil para Natasha superar as lembranças de Madeleine. Mesmo assim, ela logo se apropriou do papel, e a produção viajou o mundo com uma qualidade apreciada em todo lugar – até numa curta visita a Londres. A Inglaterra era o desafio supremo, pois Beckett tinha escrito a peça com o mesmo cuidado em ambas as línguas. Mas continuamos a apresentá-la em francês, porque a versão em inglês, *Happy Days*, tinha um sabor bem diferente. Sentia-se nela a presença do mestre de Beckett, James Joyce, e de Dublin. Em inglês, a peça pertencia naturalmente à rude textura pé no chão de um teatro transformado pela realidade brutal de *Look Back in Anger*.

Mas nossa versão francesa pedia uma qualidade muito diferente, precisava de leveza e presença. Ninguém era mais apta a isso, mesmo na França, que Natasha.

Em Londres, apresentamos a peça não no West End, mas nos Riverside Studios, na zona oeste, onde ela foi muito bem recebida. Tudo indicava que retornaríamos para apresentar essa versão numa temporada no West End. Fiz de tudo para resistir a isso, pois estava convencido de que a poderosa tradição do Beckett inglês implicaria uma rivalidade desnecessária.

Natasha conferiu a mesma clareza a Shakespeare, interpretando Cordélia numa versão televisiva de *Rei Lear* com Orson Welles.

Naturalmente, comecei a imaginar qual papel shakespeariano ela poderia tomar para si sem ter de entrar na rivalidade e na competição implacáveis que esses papéis atraem. Juntos começamos a escutar os sonetos e descobrimos que eles não eram apenas poemas isolados. São parte de uma história. Em todas as peças, não temos como dizer "Este é o ponto de vista de Shakespeare", pois ele sempre, em cada palavra, deixou seus personagens falarem por si mesmos. Mas os sonetos são como o diário pessoal de Shakespeare. Ele anota suas impressões sobre o amor inteiramente a partir de sua experiência pessoal – com muitas damas morenas e loiras, e também com mancebos igualmente belos. Descobrimos que os sonetos contêm os primeiros encontros, a primavera da paixão, o confortável período intermediário e depois a desconfiança cruel e dolorosa que leva ao ciúme, a recriminações, separações e, raramente, reconciliações. Chamamos nosso projeto, nas próprias palavras de Shakespeare, de *Love Is My Sin* [O amor é meu pecado].

Encontramos um parceiro ideal em Bruce Myers (e depois em Michael Pennington) e desenvolvemos uma forma que começava com Natasha dizendo "Quando contemplo tudo que cresce..."[5] para então passar por tudo que qualquer amante conhece: "Como as ondas...".[6]

Era preciso ter música para juntar as partes num todo, por isso pedi ao nosso querido colaborador Franck Krawczyk para nos acompanhar. Ele tinha tanta sensibilidade para a musicalidade das palavras que conseguia achar temas e melodias sempre perfeitamente afinados, só descobrindo o significado das palavras em inglês pouco a pouco, ao longo do percurso. Com *Love Is My Sin*, eu quis a todo custo evitar o clichê da música elisabetana – que, por sorte, Franck não conhecia. Percebendo uma afinidade natural com a linguagem de Shakespeare, Franck recorreu a Couperin – Couperin pai, ele insistia, não Couperin filho.

Ficou claro, quando começamos a encenar, que havia de fato uma história, uma história de amor, que

---

5 *"When I consider everything that grows"*, verso inicial do "Soneto 15" de William Shakespeare. [N.T.]

6 *"Like as the waves make towards the pebbl'd shore"*, verso inicial do "Soneto 60" de William Shakespeare. [N.T.]

brotava das alegrias de um relacionamento que nascia e era compartilhado.

As qualidades muito especiais de Natasha estavam em sua bela e tocante sensibilidade. Isso lhe permitia lançar um novo olhar sobre peças que pareciam bem conhecidas, como *O jardim das cerejeiras*. Ela levou as plateias até o coração de Tchekhov, que elas pensavam que conheciam; e foi uma revelação. Jean-Claude Carrière fez essa nova versão a quatro mãos com a mãe de Natasha, Elisaveta Lavrova.

É muito natural que isso tenha preparado o caminho para, muitos anos mais tarde, a profundamente emocionante *Ta Main dans la mienne* (*Your Hand in Mine*) [A sua mão na minha], baseada na correspondência entre Tchekhov e sua esposa, Olga Knipper. O Gaev do nosso *Jardim das cerejeiras*, Michel Piccoli, interpretou Tchekhov; Natasha, é claro, foi Knipper.

O som do silêncio

Bem no começo do trabalho no nosso Centro Internacional de Pesquisa Teatral baseado no Bouffes, enquanto explorávamos sons e línguas, ficamos mais conscientes de que os surdos possuem uma língua própria altamente desenvolvida, inseparável dos movimentos das mãos e, sobretudo, dos dedos. Para um ator explorar e desenvolver todos os seus instrumentos, esse campo de estudo parecia essencial.

Em Paris visitamos uma escola fundada pelo abade de l'Épée que tinha sido a primeira a introduzir a língua de sinais na França. Percebemos como é lenta nossa linguagem habitual quando vimos os surdos usando uma linguagem muito mais próxima da velocidade do pensamento.

Essa velocidade está presente, em diferentes graus, nos dedos de todo instrumentista, na presença corporal integral que une braços, mãos, dedos e olhos de todo regente. Parece ser fruto de prática e esforço, mas o que vemos é a manifestação de uma fonte desconhecida que pode infundir e iluminar cada célula e fibra em prodígios às vezes muito jovens.

Nos Estados Unidos, havia uma jovem companhia chamada National Theatre of the Deaf [Teatro Nacional do Surdo], dirigida por David Hays. Nós a convidamos para trabalhar conosco em Paris – uma experiência muito gratificante para todos nós. Descobrimos quão sensíveis eles eram ao ritmo, o único som que podia alcançá-los, penetrando através das solas dos pés quando os ritmos faziam o chão vibrar – vibração, a pulsação do mundo silencioso.

Certa vez, em Barcelona, fui levado para visitar a grande cantora e dançarina de flamenco Pastora Imperio. Ela estava muito idosa e não conseguia mais se levantar para cumprimentar quem a visitava; ela só me deu um discreto sorriso. Meu amigo me apresentou, depois falou com fervor de todas as suas memórias da arte dela. Ela acenava com a cabeça, sentada, sem se mexer. Daí seus lábios se moveram. Meu amigo debruçou-se sobre ela. "Ela está falando em catalão... Ela disse que ficaria feliz em cantar e dançar para você." Sabíamos, é claro, que ela não podia se mexer, mas ela sentiu que era isso que esperávamos dela, e ficamos sentados esperando que ela ao menos pudesse sentir nossa atenção respeitosa. Então, impulsos começaram a provocar pequenos tremores nos seus dedos. Gradualmente, sua mão inteira se encheu de vida. E depois um movimento quase invisível dos seus lábios, sua boca, seus olhos. O tempo cessou. Pouco a pouco, essas diminutas possibilidades tornaram-se o veículo da sua paixão interna. Estávamos enfeitiçados. Quando chegou a hora de ela indicar que tinha se entregado de corpo e alma a nós e chegado ao fim, sabíamos que havíamos tido um privilégio único. Tínhamos visto a grande Pastora Imperio com toda a alegria e a tragédia da sua arte. Havia lágrimas em nossos olhos quando nos levantamos e murmuramos "*Adiós!*".

O ator negro John Kani era um amigo de muitos anos na África do Sul. Na época, as regras cruéis do *apartheid* proibiam qualquer ator negro de se apresentar no palco diante de um público branco. John e o diretor teatral branco Barney Simon estavam procurando maneiras de contornar essa proibição. Eles perceberam que, num mercado, por exemplo, o comércio tem de ser o único critério. Um mercado não poderia sobreviver, nem sequer existir, se as leis impedissem os consumidores de qualquer cor de gastar seu dinheiro com comidas e objetos, angariados e vendidos por uma mescla indistinta de peles de cores diferentes. Então, por que não um teatro, eles pensaram: uma mistura de artistas contando histórias para uma plateia igualmente misturada. Assim nasceu o Market Theatre de Joanesburgo. E ele foi ganhando cada vez mais força, com a adesão de um escritor branco altamente talentoso e profundamente engajado, Athol Fugard. Eles só enfrentaram dificuldades quando o Royal Court Theatre de Londres convidou Athol e seus dois atores, Winston Ntshona e John Kani, para apresentar *A ilha*, peça-bomba de Athol sobre a vida na temida Robben Island, uma prisão a céu aberto e sob o sol escaldante. A polícia sul-africana tentou impedir a ida proibindo a concessão de visto de saída para os dois atores. Porém – tal é a estupidez assombrosa das ditaduras – a produção pôde ir adiante quando Athol Fugard aceitou acompanhar seus atores até Londres, o que um homem branco tinha o direito de fazer com a condição de declarar que eles eram seu criado e seu jardineiro. O impacto da peça em Londres foi extraordinário.

Alguns anos depois, as regras foram afrouxadas; portanto, com nosso primeiro grupinho, pudemos visitar o Market. Organizamos uma série de oficinas, abertas igualmente a jovens atores negros e brancos. Eu propus um exercício que havíamos desenvolvido e chamávamos de "corda bamba". Mais tarde, ele foi filmado pelo meu filho Simon. Nele, o ator aplica sua imaginação a todas as partes do seu corpo enquanto tenta dar realidade à tarefa de percorrer um círculo sobre uma corda bamba imaginária. Depois que os jovens africanos tentaram, descobrindo literalmente todas as armadilhas, pedi a John Kani para participar. Um momento de hesitação. Será que ele – uma figura reverenciada – se exporia diante de um grupo de jovens estudantes? Eu sabia que ele sofria de fortes dores nas pernas e não conseguia mais se mover livremente, mas para minha surpresa ele concordou instantaneamente. Permaneceu sentado em sua cadeira, enquanto toda a nossa atenção se voltou para suas mãos. Nenhum de nós jamais tinha visto a corda bamba ser encenada com tanta vivacidade, detalhe por detalhe, como por John Kani, ainda sentado, ao nos tirar do chão para executar perigosas acrobacias sobre uma corda fina, nas alturas, somente com seus dedos.

Tudo está interligado. Muito recentemente ouvi falar de presos numa cadeia pavorosa da França que ensinaram uns aos outros a língua de sinais. Havia um bloco feminino, do qual eles eram separados por um muro de espetos e arame farpado. Como eles não estavam quebrando nenhuma regra ao fazê-lo, podiam aliviar seu longo confinamento ensinando às mulheres a língua de sinais e depois comunicando-se e até flertando com as presidiárias, seus dedos atendendo à necessidade.

Ficar silêncio

Há um templo no Japão cujo pátio é um jardim de pedra muito famoso. Só um grande mestre zen poderia criar um espaço vazio tão depurado, onde, sobre a areia finamente rastelada e peneirada toda manhã à aurora, há apenas três pequenas pedras. A perfeição da arte está na localização. No jardim zen, bastaria mover uma das três pedras uma fração de milímetro fora do seu lugar para que a música viva sem som se perdesse. Por sorte, no Japão, ninguém ousaria fazer isso.

Esse famoso tesouro atrai um fluxo interminável de visitantes. Eles vêm provar a presença de um silêncio vivo. Antes da entrada, há uma grande placa solicitando a "Ficar silêncio" – não é um erro gramatical, é um pedido. Aqui somos todos convidados a preservar algo precioso: o silêncio puro. E, assim, sermos responsáveis por um tesouro nacional.

Perto de São Francisco, existem antigas florestas cujas árvores altas que se elevam para o céu são pilares que vão muito além da criação das mais belas catedrais. Nestas últimas, eles foram talhados em pedra, mas naquelas é a textura viva das árvores que cria o mais puro silêncio. Hoje em dia, é só durante a aurora que esse vibrante silêncio pode ser experimentado.

Os poetas tentam capturar essa magia, mas as palavras não conseguem ir tão longe quanto a música. Às vezes, como nos *lieder*, o casamento entre melodia e frase pode ser sentido, e a música suprema mais uma vez nos convoca a todos para escutar. Entre as notas, aparece o silêncio; então, com amor e respeito, nós todos ficamos em silêncio. Por um momento, a escuta traz a qualidade precisa de ser amado, honrado e protegido.

Uma vez, no Saara, subi uma duna e, ao olhar para baixo, vi que a depressão diante de mim era muito profunda. Escorreguei pela muralha de areia e, quando atingi o fundo, estava completamente isolado do deserto, e todos os seus tênues sons tinham desaparecido. Ali, pela primeira vez, eu experimentei de fato a presença viva do silêncio total.

Quando, muito tempo depois, um amigo que voltava de uma árdua escalada nas montanhas disse: "Naquele ar puro, cheio de luz, o silêncio era tão vivo que eu senti que poderia tocá-lo", eu soube o que ele queria dizer.

Um homem realmente notável que conheci, William Segal, era o anfitrião perfeito para seus amigos e os convidava assiduamente para jantares íntimos com pratos cuidadosamente preparados pela sua adorável esposa, Marielle, e os melhores vinhos, cuidadosamente provados pelo paladar sensível do próprio anfitrião. Nos seus derradeiros dias, sabendo que o fim estava próximo, ele não se permitia abrir mão de sua hospitalidade aos amigos mais íntimos. Enchia suas taças, depois erguia sua própria taça vazia e, para manter seu delicado ritual de brindes, murmurava, de modo que nenhum de nós se sentisse abandonado: "Eu bebo o silêncio".

Um velho e tocante ditado inglês me vem à mente: "Palavras me fogem". Então, este é o momento de encerrar. A coisa mais preciosa é "ficar silêncio".

Sobre o autor

Peter Brook é um dos diretores teatrais mais conhecidos do mundo. Destacam-se, numa carreira repleta de realizações notáveis, suas montagens de *Tito Andrônico* (1955), com Laurence Olivier, *Rei Lear* (1962), com Paul Scofield, *Marat/Sade* (1964) e *Sonho de uma noite de verão* (1970), todas para a Royal Shakespeare Company. Depois de se mudar para Paris e fundar o Centre International de Recherche Théâtrale [Centro Internacional de Pesquisa Teatral] em 1970 e o Centre International de Créations Théâtrales [Centro Internacional de Criação Teatral], com o qual reabriu o Théâtre des Bouffes du Nord, em 1974, ele produziu uma série de eventos que alargaram as fronteiras do teatro, como *A conferência dos pássaros* (1976), *Os iks* (1975), *Mahabharata* (1985) e *A tragédia de Carmen* (1981), para citar apenas alguns. Seus filmes incluem *O senhor das moscas* (1963), *Rei Lear* (1970), *Mahabharata* (1989), *Tell Me Lies* (restaurado em 2013) e *Encontros com homens notáveis* (restaurado em 2017). É autor de diversos livros imensamente influentes, dentre os quais *Reflexões sobre Shakespeare* (2016) e *Na ponta da língua: reflexões sobre linguagem e sentido* (2019), publicados pelas Edições Sesc.

Fontes Sectra, Druk
Papel Pólen Bold 90 g/m²
Impressão Camacorp – Visão Gráfica Ltda.
Data maio de 2022